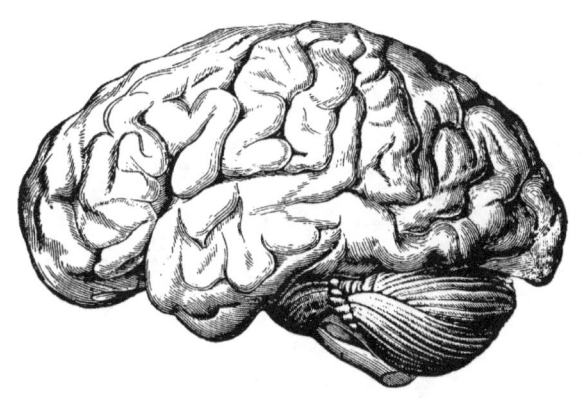

LAS MENTES MUSULMANA
Y **CRISTIANA**

STEVEN R. MARTINS

LAS MENTES MUSULMANA
Y **CRISTIANA**

STEVEN R. MARTINS

cántaro
publications

UNA IMPRENTA EDITORIAL DEL CÁNTARO INSTITUTE

cántaro
publications

cantaroinstitute.org

Las Mentes Musulmana y Cristiana
Published by Cántaro Publications, a publishing imprint of the Cántaro Institute, Jordan Station, Ontario, Canada

© 2022 by Cántaro Institute. All rights reserved. First published in 2020 as the appendix to *God, Man, Life & the Bible: The Costa Rica Conference Lectures*.

Except for brief quotations in critical publications or reviews, no part of this book may be reproduced in any manner without prior written consent from the publishers.

Unless otherwise indicated, Scripture taken from La Biblia de las Américas® (LBLA®), Copyright © 1986, 1995, 1997 by The Lockman Foundation. Used by permission. www.LBLA.com.

Illustrations sourced from Pixabay.com

For volume pricing, please contact
info@cantaroinstitute.org

Library & Archives Canada
ISBN: 978-1-7776633-4-6

Printed in the United States of America

TABLA DE CONTENIDO

UNO   Fundamentos Epistémicos   **7**

DOS   El Punto de Partida   **13**

TRES   La Doctrina de Alá   **19**

CUATRO   La Doctrina del Hombre   **33**

CINCO   La Cosmovisión Cristiana   **47**

SEIS   El Veredicto   **59**

INDICE DE LAS ESCRITURAS   **65**

"...Pero si aun nosotros, o un ángel del cielo, os anunciara otro evangelio contrario al que os hemos anunciado, sea anatema."

– Gálatas 1:8

CAPÍTULO 1

FUNDAMENTOS EPISTÉMICOS

TODOS AFIRMAMOS saber cosas. A veces, estamos de acuerdo con lo que sabemos de la realidad, en otras ocasiones, no lo estamos; pero si hay algo innegable tanto para el incrédulo como para el creyente, es que todos tenemos conocimiento de algo. Por ejemplo, tanto el musulmán como el cristiano reconocerán la existencia de cada uno, no están pensando en un grupo religioso inexistente. También saben que ellos mismos existen, porque de lo contrario no podrían pensar, hablar o ser. Pero así como concuerdan en ciertos 'hechos' reales, también difieren sobre la filosofía subyacente de esos hechos. El musulmán afirma que el Islam es la única cosmovisión racional desde la cual podemos comprender los hechos de la realidad, mientras que el cristiano hace la misma afirmación acerca de su cosmovisión. Una 'cosmovisión' se puede definir como:

> Un sistema de presuposiciones (que no son verificadas por los procedimientos de la ciencia natural) con respecto a la realidad (metafísica), conocimiento (epistemología) y conducta (ética) en términos de los cuales

cada elemento de la experiencia humana está relacionado e interpretado.¹

La cuestión es, ¿cómo sabemos que sabemos algo, y realmente conocemos la realidad, es decir, tiene sentido lo que sabemos? Cada persona tiene sus propias presuposiciones, creencias que presuponen ser verdaderas, pero ¿cómo podemos validar estas presuposiciones? Lo que esencialmente estamos preguntando es si la cosmovisión islámica o cristiana proporciona las precondiciones de inteligibilidad, y para responder a esto, los fundamentos epistémicos de cada cosmovisión tienen que ser considerados.

La epistemología, derivada de la palabra griega *episteme*, se define como "la teoría del conocimiento, especialmente en cuanto a sus métodos, validez, alcance, y la distinción entre creencia justificada y opinión".² La base epistémica está esencialmente determi-

---

1. Gary DeMar, ed., *Pushing the Antithesis: The Apologetic Methodology of Greg L. Bahnsen* (Powder Springs, GA.: American Vision Press, 2010), 42-43.
2. Oxford University Press, "Epistemology," English Oxford

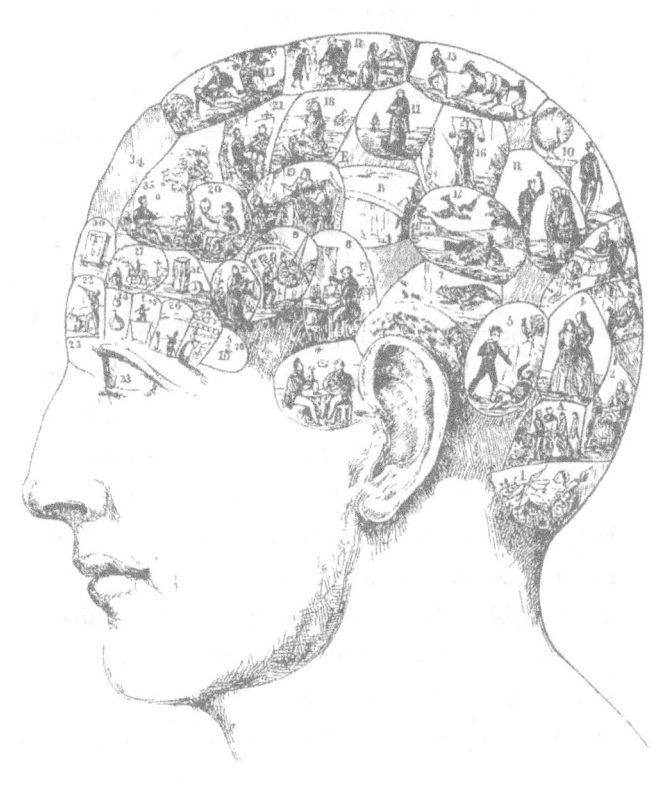

nada por lo que una persona presupone que es verdad acerca de la realidad, lo que ellos creen acerca de Dios y el hombre, el Creador y la creación. El propósito de esta obra es demostrar cómo la cosmovisión islámica fracasa en proporcionar las precondiciones de inteligibilidad desde dos frentes relacionados con la proclamación de la realidad: la doctrina de Alá y la doctrina del hombre. Si el musulmán no puede explicar de manera lógica lo que sabe, y si no puede conocer verdaderamente la realidad, entonces no importa lo que pueda decir sobre el Corán, Isa (el Jesús Coránico), Mahoma o la ley de la *sharía*; todo dentro del sistema de pensamiento islámico se reduciría a la trivialidad. Por otra parte, esta obra también demostrará cómo la cosmovisión cristiana logra proveer las precondiciones de inteligibilidad donde el Islam fracasa. Esto significa que el cristiano puede conocer verdaderamente la realidad, y explicar de manera lógica lo que sabe, debido a que sus presuposiciones son verdaderas y válidas.

Living Dictionaries, accessed January 10, 2017, https://en.oxforddictionaries.com/definition/epistemology.

CAPÍTULO

2

EL PUNTO DE PARTIDA

PARA ANALIZAR el fundamento epistémico de la cosmovisión islámica, primero necesitamos comprender la "transacción del conocimiento del hombre", como identificar cuál es su punto de partida, y si ese punto de partida en su pensamiento es 'inmediato' o 'definitivo'.[3] Como en el ejemplo citado anteriormente, el musulmán y el cristiano son capaces de reconocer el 'hecho' de que el otro existe, este sería considerado su punto de partida inmediato de la experiencia cotidiana, pero no necesariamente su punto de partida definitivo, al menos no para el cristiano. El filósofo cristiano Cornelius Van Til ayuda a aclarar esto en su analogía del clavadista. En su libro *A Survey of Christian Epistemology*, él presenta la ilustración de un clavadista parado en la punta de un trampolín, y todo lo que puede ver es la punta sobre la que está parado y el agua a su alrededor. Si se refiriera a la punta del trampolín como su punto de partida, podría dar a entender

---

3. Cornelius Van Til, *A Survey of Christian Epistemology, Vol. 2 of the Series In Defense of Biblical Christianity* (Phillipsburg, NJ.: Presbyterian and Reformed Publishing Co., 1969), 106.

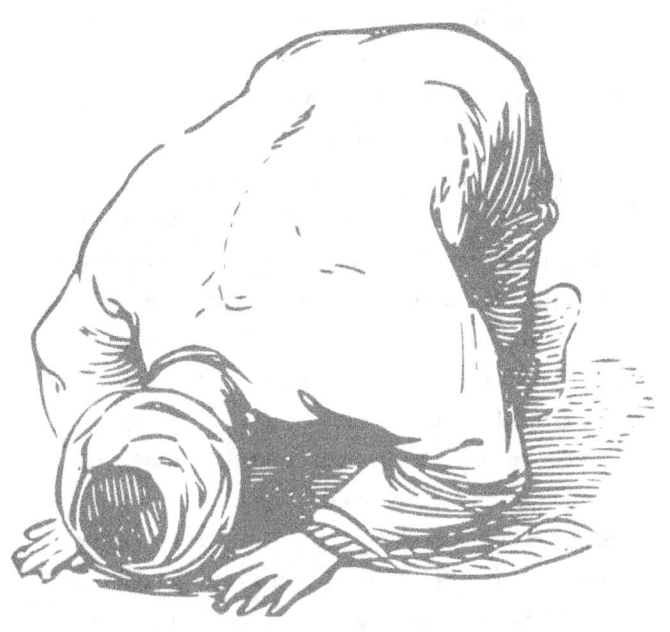

EL PUNTO DE PARTIDA

dos cosas: si ignorara la conexión entre el trampolín y su base de cemento, él diría que la punta es su punto de partida permanente o definitivo. Si estuviera al tanto de la conexión entre el trampolín y su base de cemento, diría que la punta es su punto de partida inmediato.[4]

La tarea que ahora tenemos por delante es discernir el punto de partida definitivo del pensamiento musulmán, que, aunque a menudo se dice que es la revelación del Corán, en realidad es la propia conciencia finita del hombre. Esto es evidente en la tensión dialéctica dentro del texto Coránico, que adjudica el conocimiento como exclusivo de Alá (Sura 49:16), mientras que también considera al hombre como el punto de referencia último (Sura 45:3-4); el resultado natural de una religión falsa que ha tomado prestado de la cosmovisión cristiana, mientras que al mismo tiempo preserva el deseo del hombre de una autonomía epistemológica, moral y existencial.

---

4. Ibíd.

CAPÍTULO 3

LA DOCTRINA DE ALÁ

PARA DESCRIBIR con precisión la teología islámica, la doctrina de Alá debe derivarse principalmente de las enseñanzas del Corán, pero también podemos consultar los comentarios publicados por eruditos musulmanes que nos ayudan a comprender el pensamiento islámico y su historia de interpretación. Por ejemplo, el Corán abre su primer *sura* describiendo a Alá como el "Compasivo", "Misericordioso", "Señor de los mundos" y "Maestro del Día del Juicio" (S. 1:1-4). El motivo para esta apertura de alabanza es explicado por el comentarista al-Qushayri, quien en el siglo X afirmó que esto se debe a que Alá es elevado a la condición de dios, "Dios se ha alabado en este discurso de apertura para que los seres humanos puedan alabarlo en su lenguaje, ya que Dios sabe que no podrían hacerlo plenamente con sus propias palabras".[5] Esto se debe a que nada en la creación "se asemeja a [Alá] en ningún aspecto", él es único, uno y "El Uno". Como

---

5. Abu'l-Qasim al-Qushayri, *Lata'if al-isharat cited in Seyyed* Hossein Nasr et al., eds., *The Study Qur'an: A New Translation and Commentary* (New York, NY.: HarperOne, 2015), 6.

han afirmado los teólogos islámicos del pasado y del presente, Alá en su unidad es autosuficiente, la "Voluntad de las cosas existentes" y todas las que existirán.[6]

Los comentaristas islámicos, Al-Asharia (874-936 d.C.) y al-Ghazali (1058-1111 d.C.), nos proporcionan seis atributos de Alá que han prevalecido en el pensamiento islámico:

1) la vida;

2) el conocimiento;

3) la audiencia;

4) la vista;

5) la voluntad;

6) el discurso;

que, como declara el erudito George Foot Moore, "son inherentes a la esencia divina, eterna e inmutable".[7] Estos atributos sin embargo, están enraizados

---

6. Rick Richter, ed., *Comparing the Qur'an and the Bible* (Grand Rapids, MI.: BakerBooks, 2011), 41.

7. George Foot Moore, *History of Religions, Vol. 2: Judaism, Christianity, Mohammedanism* (New York, NY.: Charles

en la piedra angular de la cosmovisión islámica, la doctrina fundamental sobre la que se cimientan todas las demás doctrinas:[8] la enseñanza Coránica de la "unidad absoluta" de Alá (*tawhid*).[9] Es la integridad y singularidad de la unidad de Alá lo que hace que el Islam, en la mente del musulmán, sea la "forma más pura del monoteísmo".[10] Esta unidad de Alá es inseparable de la doctrina de *tanzih*, que como el erudito moderno M. Azram describe: "todo [la creación] está separado y difiere de Él [Alá] como Creador".[11] Esto se deriva de la *sura* de *al-Ikhlas*, en donde Alá es descrito como "absolutamente trascendente", no teniendo

---

Scribner's Sons, 1919), 475.

8. Mirza Tahir Ahmad, *An Elementary Study of Islam* (Tilford, Surrey: Islam International Publications Ltd., 2010), 7.

9. Normal L. Geisler and Abdul Saleeb, *Answering Islam: The Crescent in Light of the Cross*, Updated & Revised ed. (Grand Rapids, MI.: BakerBooks, 2002), 19-20.

10. Alhaj A. D. Ajijola, *The Essence of Faith in Islam* (Lahore, Pakistan: Islamic Publications Ltd., 1978), 55.

11. M. Azram, "Epistemology: An Islamic Perspective," *IIUM Engineering Journal* 12, no. 5 (2011), 183.

afinidad alguna con la creación, y sin embargo, según la literatura Coránica, inherente en toda la creación, porque "donde quiera que vayas, ahí está el Rostro de Dios" (S. 2:115).[12]

¿Entonces cómo podemos entender la relación entre Alá y su creación? Mirza Tahir Ahmad cita el tributo de Einstein a la "simetría en la naturaleza" en su libro *An Elementary Study of Islam*, afirmando que la armonía absoluta en las creaciones de Alá requiere la "unidad del creador".[13] De hecho, él continúa diciendo que la doctrina del *tawhid* es esencial para la educación humana y la civilización porque trae unidad (también usa el término 'consistencia') a los "puntos de vista y acciones del hombre".[14] T. Ahmad hace un argumento desde la necesidad, que la doctrina de Alá

---

12. The commentaries of Shihab al-Din al-Alusi, *Ruh al-ma ani fi tafsir al-Qur'an al-azim wa'l-sab al-mathani* and Muhammad ibn Ali al-Shawkani, *Fath al-qadir* in Nasr et al., eds., *The Study Qur'an*, 1580.
13. T. Ahmad, *An Elementary Study of Islam*, 9.
14. Ibíd., 10.

es verdadera porque sirve al bien del hombre; y así, se deduce, que al presuponer la singularidad de Alá, la predicación de la realidad es posible, es decir, que podemos atribuir significado y darle sentido a la realidad. Pero las implicaciones de la doctrina islámica de Dios hacen que esta aseveración sea absolutamente falsa.

Según la erudición moderna, la doctrina del *tawhid* es el "punto central de la epistemología islámica".[15] Para tener éxito en la adquisición del conocimiento verdadero, hay tres etapas de autoconciencia relacionadas al *tawhid* que el hombre primero debe cumplir. La primera es creer en la singularidad de Alá y sentir "la esencia del *tawhid* como una iluminación dentro de la mente". La segunda es confesar el monoteísmo de Alá y su profeta, y la tercera es

---

15. Md. Abdus Salam and Sanober S. Shaikh, "Is there an Islamic epistemology? Role of HRD," National Institute of Development Administration: Bangkok, Thailand, 2014, accessed January 9, 2017, http://www.ufhrd.co.uk/wordpress/ wp-content/uploads/2014/11/Abdus-Salam 1.pdf.

aplicar esta confesión a la vida diaria.[16] Sin embargo, dada la doctrina de *tanzih*, la completa 'diferencia' y la trascendencia pura de Alá, decir algo teológico sobre él, o incluso pensar y conceptualizar a Alá, es hacerlo 'cognoscible', lo cual en el Islam se conoce como *shirk*, la asociación errónea de él con cualquier otra cosa. Como lo expresa el comentarista Fadl Allah, "la facultad mental no puede alcanzarlo en su oculto y elusivo misterio".[17] Alá es esencialmente incognoscible, inaccesible, incomprensible, porque en última instancia no existe afinidad alguna entre él y la creación. Por lo tanto, la afirmación de T. Ahmad, sobre la armonía y unidad del universo creado requiriendo la unidad de un creador es esencialmente *shirk*. Porque si se afirma algo sobre Alá, este dejaría de ser una unidad absoluta e incomparable. Por lo tanto, ninguna teología es posible, ningún conocimiento de lo divino es comprensible, porque Alá está más allá del

---

16. Ibíd.
17. Feras Hamza, Sajjad Rizvi, and Farhana Mayer, eds., *An Anthology of Qur'anic Commentaries*, Vol. 1 (London, UK.: Oxford University Press, 2008), 492.

entendimiento humano. Tal como afirma el filósofo cristiano Joe Boot: "Esta abstracción de Alá como *tawhid* no es diferente a la idea griega de una unidad o singularidad absoluta hallada en el razonamiento de Plotino".[18] Porque decir algo sobre un ser tan particular sería imposible, considerando que nada puede ser dicho acerca de lo incognoscible (S. 42:51).

Pero a medida que profundizamos en la doctrina de Alá, nos damos cuenta que no solo Alá es descrito como una singularidad aislada e incognoscible, sino que también es implícitamente 'panteísta'. A pesar de todos los argumentos contrarios al monoteísmo puro del Islam, el Corán describe a Alá como la Voluntad de todas las cosas y, como resultado, se torna "indistinguible de la 'naturaleza' y el 'destino' mismo", porque todo se convierte en una expresión de mera voluntad.[19] En otras palabras, porque nada existe fuera de su voluntad, porque nada sucede sin que sea

18. Joseph Boot, "Nature & Revelation: The Fractured Foundations of Islam," Jubilee: Recovering Biblical Foundations for our Time Summer (2016), 11.

19. Ibíd., 12.

una extensión de Alá, según Al-Ghazali, entonces Alá es todas las cosas. Por tal razón, sin importar dónde te encuentres o adónde te dirijas, allí encontraras "el rostro de Alá" (S. 2:115).[20] Como Al-Ghazali escribe:

> De hecho, nada existe sino Dios y Sus actos, porque lo que sea que esté allí aparte de Él es Su acto... [los místicos] son capaces de ver visualmente que no hay otro ser en el mundo aparte de Dios y que el rostro de todo es perecedero salvo Su rostro (S. 28:88)... de hecho, todo lo que no sea Él, considerado en sí mismo, no puede ser... por lo tanto, nada es excepto el Dios Todopoderoso y Su rostro.[21]

---

20. Al-Ghazali cited in Ahad M. Ahmed, "The Theological Thought of Fazlur Rahman: A Modern Mutakkalim," Archive, accessed January 9, 2017, https://archive.org/stream/THETHEOLOGICALTHOUGHTOFFAZLUR-RAHMANTHESISBYAHADMAQBOOLAHMED/THE-THEOLOGICAL-THOUGHT-OF-FA-ZLUR-RAHMAN-THESIS-BY-AHAD-MA-QBOOL-AHMED_djvu.txt.

21. Al-Ghazali, cited in Robert R. Reilly, *The Closing of the*

LAS MENTES MUSULMANA Y CRISTIANA

Las implicaciones de una deidad incognoscible, indistinguible de la naturaleza y el destino, finalmente, resultan en una cosmovisión 'Unista', donde todas las distinciones entre el Creador y la creación son sintetizadas en una sola. Esto es inevitable si el ser y el conocimiento de Dios se perciben como completamente diferentes del ser y el conocimiento del hombre, porque para que haya contacto entre los dos, los dos deben fusionarse en uno. Como escribe Van Til:

> O el ser y el conocimiento de Dios son reducidos al nivel humano, o el ser y el conocimiento del hombre son elevados al nivel divino. Siempre está presente la misma premisa monista en función, reduciendo todas las distinciones a correlativos entre sí.[22]

Porque, ¿qué se puede decir de Alá? Nada. No sabemos nada sobre la verdadera naturaleza de Alá, ni lo que lo distingue de la creación. Nos toca entonces

---

Muslim Mind: How Intellectual Suicide Created the Modern Islamist Crisis (Wilmington, DE.: ISI Books, 2010), 110.

22. Van Til, *Christian Apologetics,* 32.

suponer, según el texto Coránico, que Alá, el destino y la naturaleza son uno y el mismo.

Irónicamente, T. Ahmad admite esta implicación 'Unista', afirmando que el principio de la unidad de Dios "no permite a las personas crear divisiones entre Dios y Su creación y dentro de la creación de Dios".[23] Esto significa que no podemos hacer una distinción entre el bien y el mal, el hombre y la mujer, o incluso entre los números 1, 2, 3, etc., si todo es Alá y Alá es todo, porque no puede haber distinciones en una incognoscible unidad pura. Esencialmente, ambas doctrinas, la de *tawhid* y *tanzih*, que son fundamentales para la doctrina de Alá, resultan en un colapso del conocimiento, fracasando en justificar la comprensión de la realidad, e implicando lo contrario en su lugar, que la realidad debería ser incomprensible, ampliaciones insignificantes de la unidad omnipresente de Alá.

---

23. T. Ahmad, *An Elementary Study of Islam*, 10.

CAPÍTULO 4

LA DOCTRINA DEL HOMBRE

LA DOCTRINA de Alá, sin embargo, no está aislada de las otras doctrinas de la teología islámica, porque funciona como parte de un todo sistemático. No podemos separarlo de la doctrina islámica del hombre, la cual se ve afectada como resultado de las implicaciones de la unidad y trascendencia pura de Alá. Pero por sí sola, la doctrina del hombre también presenta serios problemas en su intento de proclamar la realidad.

Al consultar el texto Coránico, leemos que la humanidad fue creada de "barro maleable" (S. 15:26), traído de la vida a la muerte por el poder de Alá. Sin embargo, contraria a la noción cristiana de que el hombre fue creado a la 'imagen de Dios', la literatura Coránica se refiere al hombre como cualquier otra criatura, pero también como el califa de Alá en la tierra, su vicerregencia (S. 2:30), en donde al hombre le es dada la tarea de "representación y mayordomía".[24] Aunque la *Sunnah* registra al profeta Mahoma diciendo que "Dios creó a Adán en Su [o su] imagen",[25] los

---

24. Richter, ed., *Comparing the Qur'an and the Bible*, 89.
25. Chawkat Moucarry, *The Prophet & the Messiah* (Downers

eruditos históricamente han luchado por interpretar esto porque "este tipo de intimidad y comunión con Dios y su creación humana es impensable en el Islam".[26] Sería otra forma de *shirk*.

Mirza Ghulam Ahmad ayuda a explicar la razón de por qué el creador y la creación son tan 'diferentes' entre si al brindar una interpretación Coránica del hombre en su obra *Philosophy of the Teachings of Islam*. Él dice que el ser del hombre se compone de tres estados inseparables: físico, moral y espiritual. El primer estado 'físico', también conocido como el estado 'natural', se deriva del sura de *Yusuf*. Es el 'yo' el que incita al hombre hacia el mal, oponiéndose a su "logro de la perfección", e instándolo a adoptar caminos indeseables y malvados (S. 12:54).[27] Este estado 'físico' o 'natural' "predomina sobre la mente de una

---

Grove, IL.: InterVarsity, 2001), 86.

26. Richter, ed., *Comparing the Qur'an and the Bible*, 89.

27. Mirza Ghulam Ahmad, *The Philosophy of the Teachings of Islam* (Tilford, Surrey: Islam International Publication, 2010), 3-4.

persona", al menos hasta que lo controle por medio de su propia razón y entendimiento.[28] El segundo estado 'moral' del hombre está enraizado en la sura de *al-Qiyamah*, en el que el 'yo' que reprende "todo vicio y desenfreno" produce un buen estado y una buena moral, donde "emociones y deseos naturales [son] reguladas por la razón".[29] Y el tercer estado 'espiritual' del hombre se deriva del sura de *al-Fajr*, en el cual el alma de la persona es "liberada de todas las debilidades", llena de poder y establecida en una "relación con Dios".[30] Estos tres estados no deben considerarse como tres 'yos' diferentes, sino más bien como tres diferentes estados del 'yo' humano. Este yo identificado con el alma del hombre, habita en un cuerpo humano material (S. 6:93; 15:29; 17:85; 89:27-28).

Lo que G. Ahmad está intentando hacer es formular un argumento Coránico para la naturaleza distinta del hombre a la de su Creador debido a su

---

28. Ibíd., 4.
29. Ibíd., 5.
30. Ibíd., 6-7.

LA DOCTRINA DEL HOMBRE

lucha interna. Pero lo que ya se está evidenciando es la tensión dialéctica que emerge dentro de la teología islámica, ya que no es Alá quien ejerce el control sobre el primer estado 'físico', sino más bien la razón y el entendimiento del hombre. Podemos apreciar esto en la falta de armonía entre la doctrina de Alá y el hombre, donde, por ejemplo, Salam y Shaikh presentaron una comprensión básica del papel del *tawhid* en la epistemología, pero según Azram, quien proporciona una mejor comprensión de la 'epistemología islámica', "Todos los tipos de conocimiento, ya sea Ciencias Naturales, Ciencias Sociales o incluso Ciencia Pura, deben entenderse con el objetivo de establecer un sistema islámico".[31] En otras palabras, el sistema de pensamiento islámico no es presentado como ya preexistiendo, el hombre en su razón tiene la tarea de llevarlo a cabo. Debe aplicar esto a la naturaleza, debe tomar lo que se ha revelado y, al aplicarlo, hacer que la creación refleje la cosmovisión islámica. Esto implica que todo el conocimiento no proviene únicamente de

---

31. Azram, "Epistemology: An Islamic Perspective," 179.

Alá, sino que puede existir fuera e independiente de él.

Esto es evidente en la división del conocimiento de Azram en dos ramas: conocimiento revelado y conocimiento derivado. En el conocimiento revelado, hay dos componentes, *fikr* y *dhikr*. El primero es una "búsqueda de conocimiento", la búsqueda de las señales de Alá en la creación. Este conocimiento es "racional e intenta 'alcanzar' a Dios".[32] El último, sin embargo, es un recuerdo del conocimiento previamente adquirido a través de la contemplación. Cuando consultamos el "conocimiento derivado" como la segunda rama principal de la epistemología islámica, Azram afirma que este conocimiento es adquirido por nuestros sentidos, investigación y profunda meditación; la capacidad humana de "conceptualizar, adquirir, comprender y buscar este tipo de conocimiento".[33] Entonces, aunque se afirma que todo conocimiento proviene de Alá (S . 49:16), el trabajo

---

32. Ibíd., 181.
33. Ibíd., 181-182.

académico en la epistemología islámica sugiere que el conocimiento puede encontrar su origen en otra cosa. ¿Cómo? Porque el punto de partida definitivo para el musulmán no es, en realidad, Alá o el Corán, sino la mente autoconsciente que se erige como juez para determinar lo que es real y lo que sea cognoscible o no.

La filosofía subyacente de la epistemología de Azram no es más que el racionalismo heredado y disfrazado de Islamismo, la creencia de que "la razón humana es la máxima norma de la verdad",[34] como con el examen (o reflexión) del orden de la naturaleza y la vida, son las "capacidades sensibles e intelectuales básicas de los seres humanos [que] se apelan como puntos de partida en nuestro conocimiento de Dios".[35] Esto es evidente en la literatura Coránica (S. 45:3-4),[36] y en los escritos de Azram, quien afirma que aunque "la

---

34. W. Andrew Hoffecker, ed., *Revolutions in Worldview: Understanding the Flow of Western Thought* (Phillipsburg, NJ.: P&R Publishing, 2007), 374.

35. Geisler and Saleeb, *Answering Islam*, 19.

36. Ver Salam, "Is there an Islamic epistemology? Role of HRD."

revelación divina siempre ha sido considerada como la fuente última de conocimiento... nunca fue la única".[37] De hecho, hay una reverencia tácita de la 'razón' como una existencia abstracta dentro de la naturaleza, que el hombre de alguna manera aprovecha. Esto es también apoyado por el erudito Muhammad Amin en su lista de las fuentes primarias y secundarias de conocimiento en su libro *Muslim Epistemology*,[38] y por Ha'iri Yazdi en *The Philosophy of Epistemology in Islamic Philosophy*, quien toma prestado el racionalismo de Descartes de "Creo, por lo tanto, existo" en su teoría del 'conocimiento por presencia'.[39] Pero esta 'razón' abstracta no existe, no es más que el exaltamiento del yo,[40] y persiste en el pensamiento islámico en gran

---

37. Azram, "Epistemology: An Islamic Perspective," 180.

38. Muhammad Amin, *Muslim Epistemology: An Analytical Appraisal of Islamization of Knowledge* (Pakistan: Educational Reforms Trust Pakistan, 2009), 17.

39. Mehdi Ha'iri Yazdi, *The Principles of Epistemology in Islamic Philosophy* (Albany, NY.: State University of New York Press, 1992), 1-2.

40. H. Evan Runner, *The Relation of the Bible to Learning*

parte por la influencia de los filósofos griegos.[41]

A fin de cuentas, a pesar de que el razonamiento musulmán insista en que el dios del Islam es su punto de partida definitivo, está claro que en las declaraciones del texto Coránico (S. 45:3-4; ver 51:20-21; 41:53) y el trabajo de los teólogos islámicos, su punto de partida definitivo es su 'autosuficiencia intelectual', mediante la cual trabajan hacia una aceptación 'racional' del Corán.[42] Pero otorguemos, por el bien del argumento, que el hombre de alguna manera puede 'razonar' su propio camino hacia (lo incognoscible) Alá. De acuerdo con G. Ahmad, los dos últimos estados del humano (el moral y el espiritual) se ven negativa-

---

(Jordan Station, ON.: Paideia Press, 1982), 97.

41. Vea, como ejemplo, Al-Kindi, y cómo la filosofía griega (en particular la de Aristóteles) y su respectiva terminología influenció la teología y filosofía islámica en Ali El-Konaissi, Early Muslim Concept of Epistemology (Bélgica: Communication & Cognition, 2003), 15-31.

42. Greg L. Bahnsen, *Always Ready: Directions for Defending the Faith*, ed. Robert R. Booth (Nacogdoches, TX.: Covenant Media Press, 2011), 20.

mente afectados por el primer estado 'físico' o 'natural' que incita el mal, un estado que corrompe. Al seguir esta línea de pensamiento, debemos preguntarnos ¿cómo el intelecto del hombre no se ve afectado por esta corrupción? Lo que esto implica es que el intento del hombre por conocer y predicar la realidad sería secuestrado, reduciéndolo a ser "como animales", tal como lo expresa Ahmad.[43] Esto también lo haría incapaz de justificar la comprensión de la realidad, porque no puede conocer realmente a Dios, ni la creación, la cual es su obra.

La doctrina del hombre es tan esencial para la epistemología como lo es la doctrina de Dios, ya que las creencias de ambas doctrinas, las cuales son inseparables entre sí, dan como resultado ya sea en la justificación o en la descomposición del conocimiento.[44] Y en este caso, las doctrinas islámicas de Dios y el hombre resultan en lo último. Al analizar estos dos frentes, podemos identificar severas inconsistencias y

---

43. G. Ahmad, *The Philosophy of the Teachings of Islam*, 4, 8.
44. Van Til, *Christian Apologetics*, 39-40.

una incoherencia que derriba por completo la cosmovisión islámica.

Como escribe Robert Reilly en *The Closing of the Muslim Mind*, la conclusión es fatal, solo nos queda negar la "capacidad de la razón para saber algo" o descartar "la realidad como incognoscible".[45]

---

45. Robert R. Reilly, *The Closing of the Muslim Mind: How Intellectual Suicide Created the Modern Islamist Crisis* (Wilmington, Delaware: ISI Books, 2011), Kindle Edition.

CAPÍTULO

5

LA COSMOVISIÓN CRISTIANA

LA COSMOVISIÓN cristiana, sin embargo, contrasta drásticamente con el Islam, y no solo de manera superficial, como en las diferencias de credos teológicos y prácticas, sino también en su nivel más fundamental. Como dice Van Til, "no se puede conocer algo en absoluto a menos que Dios pueda ser y sea conocido... por Dios nos referimos al Dios trino y autosuficiente y su revelación de sí mismo al hombre y a su mundo".[46] Esta es la afirmación fundamental del teísmo cristiano.

El Dios del teísmo cristiano no es una abstracción incognoscible, o una singularidad puramente aislada. Él no es plural como los dioses de la adoración politeísta, sino intencionalmente trino, personal y activo. El Padre, el Hijo y el Espíritu Santo son cada uno una personalidad, no separados el uno del otro fuera de la divinidad, sino constituyendo el "Dios personal íntegro".[47] Podríamos referirnos a la doctrina cristiana de la Trinidad de dos maneras, como 'ontológica'

---

46. Van Til, *A Survey of Christian Epistemology*, 103.
47. Van Til, *Christian Apologetics*, 29.

y 'económica'. Cuando hablamos de la Trinidad ontológica, nos referimos a la actividad de Dios dentro de sí mismo. Pero cuando hablamos de la Trinidad económica, nos referimos a la distinción de las personas dentro de la divinidad y su trabajo en lo que respecta a la creación. Tales como, por ejemplo, el Padre creando y sosteniendo el universo, el Hijo realizando la obra de la salvación, y el Espíritu Santo operando en la obra interna de la salvación.[48] En todo esto, el Dios de la Biblia es autónomo y autosuficiente. Su ser es distinto al de la creación, eterno, infinito e inmutable. Él no es completamente 'otro' de la creación como la doctrina islámica de dios, ya que su creación refleja sus cualidades y atributos, tanto como la creación puede reflejar a su Creador. También podemos ver esto en la doctrina cristiana del hombre. Sin embargo, aún hay una clara distinción entre el Creador y la creación, una cosmovisión 'Dosista' (o dos niveles de realidad), en la cual la doctrina del ser de Dios es "cualitativamente distinta de cualquier otra forma de ser", una

---

48. Ibíd.

característica determinante, únicamente atribuida a la cosmovisión cristiana, porque todos los demás puntos de vista son esencialmente monistas.[49]

Considerando, entonces, que la doctrina de Dios es inseparable de todo el sistema de pensamiento cristiano, por lo tanto, se vincula con la doctrina bíblica del hombre. A diferencia de la interpretación Coránica del hombre de T. Ahmad, la Biblia enseña que el hombre está compuesto de un 'yo', no de múltiples estados del 'yo', y que está constituido por dos partes: cuerpo y alma. Ambos son distintos, el alma como una sustancia independiente, pero la unión entre ellos es, no obstante, una "unidad viva".[50] También leemos en Génesis 1 que el hombre fue creado a imagen de Dios, tanto Adán como Eva. Esto los distingue del resto de la creación, porque a pesar de que sigan siendo 'cria-

---

49. Ibíd., 31.
50. Geerhardus Vos, *Reformed Dogmatics, Vol. Two: Anthropology*, ed. Richard B. Gaffin, Jr., trans. Richard B. Gaffin, Jr. et al. (Grand Rapids, MI.: Lexham Press, 2012), 1.

turas', son las únicas que poseen la imagen de Dios.[51] Esto esencialmente significa que el hombre se asemeja a Dios en todos los aspectos que una criatura se puede parecer, es decir, es una personalidad, se asimila en los atributos morales de Dios, fue creado con "verdadero conocimiento, verdadera justicia y verdadera santidad".[52] Considere los dos siguientes pasajes bíblicos, por ejemplo, que hablan de la "nueva naturaleza" en Cristo como la restauración a lo que el hombre era antes de la caída:

> ...y os habéis vestido del nuevo hombre, el cual se va renovando hacia un verdadero conocimiento, conforme a la imagen de aquel que lo creó (Col. 3:10).

> y os vistáis del nuevo hombre, el cual, en la semejanza de Dios, ha sido creado en la justicia y santidad de la verdad (Ef. 4:24).

Podríamos decirlo de esta manera, si la naturale-

---

51. Ibíd., 12.

52. Van Til, *Christian Apologetics*, 40.

za de Dios fuera un sello, nuestra naturaleza original sería su impresión.[53] Por supuesto, ser creado a la imagen de Dios significa más que ser espíritu, y poseer cierta comprensión, voluntad, etc.; significa, sobre todo, que está "dispuesto a la comunión con Dios, que todas las capacidades de su alma pueden actuar de manera que corresponde a su destino solo si descansan en Dios".[54] La humanidad fue creada como un ser relacional, para adorar a Dios en la totalidad de su naturaleza, tanto individual como colectivamente . Este es el fin principal de la existencia humana, glorificar a Dios en el cumplimiento de sus divinos propósitos mientras que el hombre ejerce dominio sobre el resto de la creación.[55]

Es al examinar las doctrinas cristianas de Dios y del hombre, que comprendemos que Dios posee un ser autónomo, es decir, autosuficiente, mientras que el

---

53. Vos, *Reformed Dogmatics, Vol. Two,* 14.
54. Ibíd., 13.
55. Millard J. Erickson, *Christian Theology,* Third ed. (Grand Rapids, MI.: Baker Academic, 2013), 436, 470.

hombre tiene un ser creado o derivado. De la misma manera, Dios tiene conocimiento autónomo, es decir, inmediato y autorreferencial, mientras que el hombre tiene conocimiento derivado. En términos más simples, el ser y el conocimiento del hombre se derivan de su Creador.[56] Esto es mejor aclarado por el erudito cristiano Greg L. Bahnsen, quien escribe que "el conocimiento de Dios es primario, y lo que el hombre debe saber solo puede basarse en una recepción de lo que Dios original y finalmente ha conocido".[57] Este concepto, sin embargo, del ser y conocimiento del humano siendo derivado, es imposible de entender en la teología islámica, inevitablemente lleva al *shirk*, aunque es fundamental para la teología cristiana.

Mientras que en el Islam, un ser impersonal y no-relacional no puede crear seres personales relacionales, el teísmo cristiano explica que el verdadero Dios trino personal y relacional puede, y lo hizo, crear seres personales relacionales. Son las cualidades del Dios

---

56. Van Til, *Christian Apologetics*, 31.
57. Bahnsen, *Always Ready*, 19.

bíblico que, como escribe el teólogo Millard J. Erickson, "reflejado en los seres humanos, hace posible la adoración, las interacciones personales y el trabajo".[58]

Si esto es verdad entonces, que el hombre fue creado a la imagen de Dios con verdadero conocimiento, verdadera justicia y verdadera santidad, ¿por qué hay un desacuerdo tan agudo entre los humanos en cuanto a la epistemología, predicación, moralidad y ética? El presente retrato de la humanidad, después de todo, no es uno de conocimiento verdadero, ni de justicia o santidad, sino más bien de una creación cuya imagen de Dios ha sido estropeada. La respuesta yace en el jardín histórico del Edén, el pecado original. Dios había creado al hombre con una brújula moral, había transmitido sus ordenanzas y su ley, al ser del hombre. Mientras que el hombre vivía en obediencia a la ley de Dios, lo hacía de acuerdo con su verdadera naturaleza.[59] Pero al desobedecer a Dios comiendo del árbol prohibido, no fue simplemente el acto,

---

58. Erickson, *Christian Theology*, 471.
59. Van Til, *Christian Apologetics*, 42.

sino la intención detrás, lo que transmitió el espíritu pecaminoso que vendría después. Fue un intento de deshacerse por completo de Dios, en todos los aspectos, mientras buscaba sus propios "ideales de verdad, bondad y belleza en algún lugar más allá de Dios, ya fuera directamente dentro de sí mismo o indirectamente dentro del universo que lo rodeaba".[60] Esto es exactamente lo que vemos en la tensión dialéctica dentro del pensamiento musulmán, la afirmación de Alá como su punto de partida definitivo, mientras que su conciencia finita es el verdadero foco de autoridad.

El pecado ha devastado la totalidad del ser del hombre, ha causado una "reversión radical" como lo expresa Vos, porque como él ha caído de lo que originalmente estaba dispuesto, desviándolo de su verdadera naturaleza y destino, su desorganización resultante implica muerte espiritual, un "proceso de disolución".[61] Esto significa que, al alejarse de la rectitud original, lo que toma su lugar como el estado 'natural'

---

60. Ibíd.
61. Vos, *Reformed Dogmatics, Vol. Two*, 14.

del hombre es la injusticia. Por lo tanto, no puede evitar vivir en la injusticia, y esto se extiende también a sus capacidades intelectuales, a lo que los teólogos se refieren como los efectos *noéticos* del pecado.[62] La Biblia enseña que el hombre, en su naturaleza pecaminosa, suprime la verdad (Rom. 1:18), lo cual significa que el verdadero conocimiento con el que el hombre fue originalmente creado no se ha perdido, sino que es suprimido como una forma de rebelión moral. Como un comentarista había escrito, "Todo en ellos y en su alrededor testifica a Dios, pero rechazan el testimonio de toda la creación y de su propio ser... negar esta revelación es negarse a sí mismo".[63] Por lo tanto, es característico de la mente incrédula ignorar voluntariamente al Dios del teísmo cristiano, aunque sus propias cosmovisiones antitéticas sean insostenibles e inútiles, incapaces de predicar la realidad y de proporcionar las precondiciones de la inteligibilidad.

---

62. Ibíd., 26.

63. Rousas J. Rushdoony, *Romans & Galatians* (Vallecito, CA.: Ross House Books, 1997), 13.

CAPÍTULO 6

EL VEREDICTO

ESTA COMPRENSIÓN de los efectos *noéticos* del pecado arroja luz y claridad sobre cómo podemos apreciar la diferencia entre el pensamiento musulmán y el cristiano, porque ambos, tanto el musulmán como el cristiano estarán de acuerdo sobre ciertos 'hechos' acerca de la realidad, tales como, por ejemplo, nuestra autoconciencia; pero este es simplemente nuestro punto de partida inmediato. La verdadera diferencia entre el musulmán y el cristiano es si *realmente* conocen los hechos, es decir, si esos hechos pueden tener sentido desde sus respectivas presuposiciones, desde su punto de partida definitivo. Y desde el inicio, el musulmán no puede evitar fracasar en justificar los hechos del sistema de pensamiento islámico, ya que trata de interpretarlos como independientes o separados del teísmo cristiano. No puede realmente conocer los hechos, ni la filosofía subyacente de ellos, porque presupone un dios diferente al de las Escrituras, cuando los hechos de la realidad son hechos de Dios, no de Alá.[64]

¿Cuál es entonces el punto de partida definitivo

---

64. Van Til, *A Survey of Christian Epistemology*, 114-115.

para el pensamiento cristiano, y con esto nos referimos a una mente regenerada que es fiel a las Escrituras? Es el Dios trino del teísmo cristiano, quien no solo es conocido por nuestra naturaleza como creados a su imagen, y por la revelación natural a nuestro alrededor, sino que también a través de su palabra revelada. Como lo explica Bahnsen, "el cristiano presupone la veraz palabra de Dios como su norma de verdad y dirección".[65] Es solo presuponiendo la verdad del teísmo cristiano que podemos tener verdadero conocimiento de cualquier cosa, es el resultado prometido de reflejar el conocimiento primario de Dios. Hacer esto, sin embargo, implica renunciar a nuestra propia autosuficiencia intelectual, la creencia de que de alguna manera podemos alcanzar el conocimiento independientemente de las normas y las direcciones de Dios.[66] Pero esto implica un cambio que va mucho más allá del intelecto, constituyendo un cambio revolucionario de nuestra naturaleza humana, de pecaminosa y corrom-

---

65. Bahnsen, *Always Ready*, 19.

66. Ibíd., 20.

pida a restaurada y renovada, una obra que solo puede llevarse a cabo en Cristo Jesús (Col. 3:10-12).

Cuando se trata de cuál de las dos cosmovisiones proporciona las precondiciones de la inteligibilidad, esencialmente nos preguntamos qué cosmovisión hace que la experiencia humana sea inteligible. La respuesta es la misma que con cualquier otra cosmovisión que se compare, solo el cristianismo. Después de todo, es la única cosmovisión razonable. Como de manera concisa escribió Van Til: "Ahora, de hecho, siento que toda la historia y la civilización serían ininteligibles para mí si no fuera por mi creencia en Dios. Tan cierto es esto, que propongo argumentar que, a menos que Dios esté detrás de todo, nada puede tener sentido".[67] Ningún fundamento epistémico puede rivalizar con el de la cosmovisión cristiana, ni siquiera una falsificación como el Islam, porque sin el teísmo cristiano, toda la realidad dejaría de ser inteligible.

---

67. Cornelius Van Til, *Why I Believe in God* (Philadelphia: Committee on Christian Education of the Orthodox Presbyterian Church, n.d.), 3.

INDICE DE LAS ESCRITURAS

BIBLIA		CORÁN	
Génesis		Surah al-Fatihah	
1	51	1:1-4	21
Romanos		Surah Al-Baqarah	
1:18	58	2:30	35
Efesios		2:115	24, 29
4:24	52	Surah Al-An'am	
Colosenses		6:93	37
3:10	52	Surah Yusuf	
3:10-12	64	12:54	36
		Surah Al-Hijr	
		15:26	35
		15:29	37
		Surah Al-Isra	
		17:85	37
		Surah Al-Qasas	
		28:88	29
		Surah Fuṣṣilat	
		41:53	43
		Surah Ash-Shuraa	
		42:51	28
		Surah Al-Jathiyah	
		45:3-4	17, 41, 43

INDICE DE LAS ESCRITURAS

Surah Al-Hujurat
49:16　　　　　17, 40

Surah Adh-Dhariyat
51:20-21　　　　43

Surah Al-Fajr
89:27-28　　　　37

SOBRE EL AUTOR

STEVEN R. MARTINS es un investigador, escritor y apologista. El sirve como pastor fundador de Sevilla Chapel (St. Catharines, Canada), director del Cántaro Institute, y ha servido con el Ezra Institute for Contemporary Christianity (EICC) por cuatro años. También ha colaborado con artículos en *Coalición por el Evangelio* (TGC) y en la revista *Siglo XXI* de Editorial CLIR. Tiene una Maestría en Estudios Teológicos *summa cum laude* de Veritas International University (California, EE.UU.) y un Bachelors de Gestión de Recursos Humanos de York University (Toronto, Canada). Steven vive en Jordan Station, Canada, con su esposa Cindy y sus hijos Matthias, Timothy y Nehemías.

www.ingramcontent.com/pod-product-compliance
Lightning Source LLC
Chambersburg PA
CBHW072208100526
44589CB00015B/2431